LES TROIS

89

1689 — 1789 — 1889

PAR

M**** B*******

PARIS

RENÉ HATON, LIBRAIRE

35, RUE BONAPARTE, 35

—

1889

OUVRAGES DU MÊME AUTEUR

I. — ÉDUCATION

Appel contre l'esprit du siècle, in-12, nouvelle édition.
Plan d'études et de lecture, in-12, 4ᵉ édition.
Principes de littérature, in-12, 11ᵉ édition.
Principes de littérature, à l'usage des jeunes personnes.
  in-12, 4ᵉ édition.
Rhétorique, in-12, 5ᵉ édition.
Philosophie, in-8º, 2ᵉ édit. augmentée.
Logique, in-12, 4ᵉ édition.

II. — THÉATRE BIBLIQUE & CHRÉTIEN

Moïse, in-12.
La Fournaise, in-12, 4ᵉ édition.
Les Machabées, in-12, 3ᵉ édition.
Saint Louis, in-12, 4ᵉ édition.
Musique des chœurs de saint Louis, in-8º.
Les deux Étendards, in-12, 4ᵉ édition.
La Saint-Barthélemy, in-12.
Les Membres. — Les Sens. — Les Puissances. — Les Pas-
  sions, in-12.

III. — COURS DE RELIGION

Guide à l'usage des catéchismes, in-18, 6ᵉ édition.
Dieu et ses Œuvres, in-8º.
Jésus-Christ et son Règne, in-8º.
Le Pape et l'Église, in-8º.
Les Papes, in-12, 2ᵉ édition.
Luttes de l'Église, 2 volumes in-12.
Réponses aux objections contre la puissance et l'infail-
  libilité du Pape, in-12.
Problèmes religieux et sociaux, in-12.
L'Évangélisation des Gaules et saint Julien au Mans
  (Note à propos d'un mémoire sur), in-8º.
Saint Thomas, l'Ange de l'École, in-8º.

LES TROIS

89

LES TROIS 89

1689 — 1789 — 1889

PAR

M**** B******

PARIS

RENÉ HATON, LIBRAIRE

35, RUE BONAPARTE, 35

—

1889

1689

C'ÉTAIT en 1674. A Paray-le-Monial. Jésus apparaissait, à une religieuse obscure, lui montrant son Cœur couronné d'épines, surmonté d'une croix : Voilà, dit-il, voilà ce Cœur qui a tant aimé les hommes.

Quatorze ans après, en 1689, Jésus disait à sa servante : Fais savoir au fils aîné de mon Sacré Cœur...

Quel était ce fils aîné du Sacré Cœur de Jésus?

Louis XIV, mais Louis XIV converti; Louis XIV qui, alors, avait rétracté la triste déclaration de 1682; Louis XIV qui, alors enfin, avait réglé ses mœurs.

Et que veut de Louis XIV le Cœur de Jésus?

Écoutez : « Fais savoir au fils aîné de mon Sacré Cœur que, comme sa naissance temporelle a été obtenue par la dévotion aux mérites de ma sainte enfance, de même il obtiendra sa naissance de gloire éternelle par la consécration qu'il fera de lui-même à mon Cœur adorable qui veut triompher du sien, et par son entremise, de celui des grands de la terre.

« Il veut régner dans son palais, être peint dans ses étendards et gravé dans ses armes, pour les rendre victorieuses de tous ses ennemis, en abattant à ses pieds ces têtes orgueilleuses et superbes, pour le rendre triomphant de tous les ennemis de la sainte Église. »

Au mois d'août de la même année, Marguerite-Marie écrivait encore :

« Le Père éternel voulant réparer les amertumes et angoisses que l'adorable Cœur de son divin Fils a reçues dans la maison des princes de la terre, parmi les humiliations et les outrages de sa Passion, veut établir son empire dans le cœur de notre grand monarque, duquel il se veut servir pour l'exécution de ce dessein qu'il désire voir s'accomplir en cette manière, qui est de faire faire un édifice où serait le tableau de ce divin Cœur, pour y recevoir la consécration et les hommages du roi et de toute la cour.

« Heureux donc qu'il sera, s'il prend goût à cette dévotion, qui lui établira un règne éternel d'honneur et de gloire dans ce Sacré Cœur de Notre Seigneur Jésus-Christ, lequel prendra soin de l'élever et le rendre grand dans le ciel devant son Père, autant que ce grand monarque entreprendra de relever devant les hommes les opprobres et anéantissements que ce divin Cœur y a soufferts ; ce qui sera en lui rendant et lui procurant les honneurs, l'amour et la gloire qu'il en attend. »

———

On ignore si ces invitations furent communiquées à Louis XIV. Ce prince qui s'était montré si fidèle à renouveler la consécration de la France à la Très Sainte Vierge, qui avait déployé tant d'activité pour honorer l'Immaculée Conception de Marie, qui avait été si prompt à seconder la dévotion de la reine envers saint Joseph, qui visita si souvent et si religieusement les principaux sanctuaires de la Vierge bénie à laquelle il rapportait le bienfait de sa naissance et l'honneur de ses victoires, qui favorisa si généreusement la propagation de la foi en Orient et en Occident, ce roi qui se faisait gloire de réciter chaque jour son chapelet, aurait certainement répondu à l'appel du Cœur de Jésus, s'il en avait eu connaissance.

Il faut plaindre ceux qui, unissant leur voix à celle des protestants, des jansénistes, des pseudo-philosophes du XVIIIᵉ siècle, des révolutionnaires et des libéraux du XIXᵉ, s'obstinent à rappeler sans cesse les fautes de ce prince, sans ajouter qu'il les a réparées et que Dieu lui a ménagé, pour les expier, l'épreuve du malheur au sein de laquelle il s'est montré plus grand encore que dans la prospérité.

1789

UOI qu'il en soit, la France ne fut pas consacrée au Sacré-Cœur. Et, au siècle de Louis XIV succéda le siècle de Voltaire ; à l'invitation de 1689 répondit la déclaration de 1789, qui renversait toute autorité : l'autorité religieuse et l'autorité civile.

Cette déclaration se résume en trois mots :

Liberté, Égalité, Fraternité

Ajoutez : ou la mort.

Vous penserez, vous parlerez, vous agirez comme nous. Telle est votre liberté : sinon, la mort.

Vous vous soumettrez à nos ordres, à nos paroles, et même à nos idées. Telle est l'égalité qui règnera entre vous et nous : sinon, la mort.

Vous nous tiendrez pour les représentants de votre père et de votre mère, du prince et du prêtre.

Cet être collectif et insaisissable qui se nomme l'État, est l'unique autorité : parmi nous il n'est plus de père, mais seulement des frères.

Telle est la fraternité que nous vous imposons : fraternité ou la mort.

Reprenons.

Liberté : *Tous les hommes naissent libres.*

Oui, tous les hommes naissent doués de la liberté, c'est-à-dire de la puissance de choisir entre le bien et le mal ; mais s'ils ont le pouvoir de préférer le mal au bien, le faux au vrai, en ont-ils le droit ?

Tous les hommes naissent libres ! Le contraire ne serait-il pas plus conforme à la raison et à l'expérience ?

En principe et en fait, les hommes naissent soumis, d'abord à l'autorité de Dieu et à la loi naturelle et révélée, puis à l'autorité de leurs parents, enfin à l'autorité des lois et du pouvoir qui régissent la nation dont ils naissent citoyens ?

De plus, ils se trouvent, dès leur naissance, prévenus et saisis par l'obligation de recevoir la foi et le baptême, et d'entrer ainsi dans l'Église que Jésus-Christ a instituée et hors de laquelle il n'est pas de salut ?

Égalité : *Tous les hommes naissent égaux en droit.*

Oui, tous les hommes naissent égaux : tous sont composés d'un corps et d'une âme ; tous sont doués d'une intelligence et d'une volonté. Mais là s'arrête l'égalité de fait et de droit.

L'enfant ne naît égal à son père ni en droit ni en fait. En fait, quelle différence et pour le corps et pour la raison ! Or, de cette différence résulte pour le père le droit de protéger, de gouverner cet être si faible, et, pour l'enfant, le droit d'obéir et de se laisser conduire, gouverner et protéger.

Mais il est d'autres inégalités. Voici deux enfants nés le même jour. Sont-ils égaux, et surtout le *demeureront*-ils ?

L'un est sain et vigoureux, l'autre est débile et maladif. Celui-ci naît doué d'une intelligence vive et pénétrante, d'un caractère énergique et résolu ; celui-là semble incapable d'apprendre et de retenir, plus incapable encore de vouloir et de se décider.

Le premier, en dépit de vos principes, commandera ; le second, malgré vos excitations, ne saura que ramper et ne voudra que servir.

Le premier se nommera Cyrus, Alexandre, Scipion ou César; le second passera sans rien faire ; son nom se perdra dans le vulgaire ignoré : *ignobile vulgus.*

Ce n'est pas tout. De ces deux enfants nés le même jour, l'un est le fils d'un millionnaire ou d'un roi, l'autre le fils d'un pauvre mendiant : sont-ils nés égaux en droit ?

Le premier est né avec le droit d'hériter d'un million ou d'un royaume ; l'autre, en naissant, ne reçoit pour tout droit que l'indigence qui entoure son berceau.

L'égalité est une chimère, et l'inégalité un fait. Ce fait est la lime contre laquelle s'useront toutes les dents du serpent de la jalousie.

Ce fait, du reste, constitue un droit.

A l'inégalité de la force, du talent, du caractère, du travail et du succès, correspond nécessairement l'inégalité toujours croissante de la fortune, de l'influence, du mérite, de la science et de la vertu.

Supposez d'ailleurs deux enfants nés égaux : l'un travaille et l'autre ne fait rien ; l'un demeure innocent et devient vertueux, l'autre se plonge dans tous les vices.

Soutiendrez-vous que le fainéant, que le débauché demeure, en droit, égal au travailleur honnête ?

FRATERNITÉ : *Nous sommes tous frères.*

Oui, nous avons tous le droit de dire : « Notre Père, qui êtes aux cieux » ; tous nous reconnaissons Adam pour notre père, Ève pour notre mère ; Jésus nous appelle ses frères, Marie nous regarde comme ses enfants, l'Église se déclare notre mère.

Mais là s'arrête la fraternité universelle.

Dans la famille, l'enfant n'est pas le frère de son père ; dans l'État, le sujet n'est pas le frère du souverain ; et, bien que dans l'Église le Pape daigne appeler les évêques ses vénérables frères, il ne laisse pas d'être pour les évêques eux-mêmes, aussi bien que pour les fidèles, le plus tendre et le plus vénéré des pères ; vous ne lui enlèverez pas ce titre à notre amour.

Et cependant tout n'est pas faux dans cette triple acclamation ; mais si elle se vérifie quelque part, ce n'est pas dans l'ordre civil et politique, c'est uniquement dans l'Église.

L'Église, il est vrai, se présente avec son autorité divine, avec son sacerdoce ; et, au nom de Dieu, elle réclame, elle exige l'obéissance, et non seulement celle de la main, mais celle de l'esprit.

Mais tandis que l'État, tout en se bornant à la soumission extérieure et corporelle, l'exige trop souvent tantôt au nom du peuple, c'est-à-dire du nombre, tantôt au nom du glaive, c'est-à-dire de la force, l'Église ne réclame rien au nom de l'homme : elle réclame tout au nom de Dieu, et de Dieu seul.

Quand j'obéis à l'État, suis-je bien libre en fait de refuser mon obéissance ? L'État, que ce soit le peuple, que ce soient les grands, que ce soit le roi, l'État c'est la force matérielle et physique, force du nombre, force de la richesse, force du glaive, et il ne me reste guère de choix qu'entre la soumission ou la mort.

Quand j'obéis à l'Église, je ne vois aucune force matérielle qui puisse me contraindre. Au bas de l'échelle hiérarchique je rencontre un simple prêtre qui n'a d'autre arme que sa parole ; au sommet, j'aperçois un vieillard qui, comme Pape, ne possède, lui aussi, que la parole pour commander.

Convenez que si, en droit, l'obéissance due au prêtre est plus sacrée que l'obéissance due au prince, elle est, en fait, et moins forcée et plus libre.

Or cette liberté, le chrétien la transporte jusque dans l'ordre civil.

Esclaves du nombre et serfs de la majorité, vous ne voyez dans le prince que le représentant de la nation ; et ainsi, en obéissant au souverain, vous n'obéissez qu'au peuple, c'est-à-dire à l'homme.

Nous, chrétiens, si dans le prince nous voyons, comme vous, le représentant de la nation, nous vénérons de plus en sa personne le représentant de Dieu. Libres devant les hommes, dans lesquels, au point de vue de l'autorité, nous ne reconnaissons que des égaux, nous n'obéissons qu'à Dieu et à ceux qui commandent en son nom.

Où se rencontre l'égalité proclamée si haut depuis un siècle ?

Je ne la vois ni dans la famille, ni dans l'État, ni dans l'administration, ni dans la magistrature, ni dans l'armée, ni dans le palais du prince, ni dans le château du grand seigneur, ni dans le magasin du commerçant, ni dans l'atelier de l'artisan.

Je conviens même que l'égalité ne paraît pas davantage dans le sein de l'Église, dont la hiérarchie repose sur la distinction des rangs et sur la subordination des personnes.

C'est qu'en effet, une société étant impossible sans le pouvoir, et le pouvoir ne pouvant s'exercer sans un ensemble de fonctions subor-

données entre elles, l'égalité sociale est chimérique.

Il n'est qu'un point sur lequel il soit possible
de réclamer l'égalité : ce point est le droit de
participer également au bien commun.

Or dans la famille, l'égalité de participation
aux biens amène, avec le morcellement de la
propriété, la ruine des générations suivantes.

Dans l'État, l'égalité de participation à la
fortune publique supposerait que chacun rap-
porte à la masse tout le profit de son travail.

Mais dites à un citoyen que son activité ne
lui profitera pas personnellement : à l'instant
son ardeur s'éteint, et toute émulation dis-
paraît.

Donnez plus à celui qui fait plus, et moins à
celui qui fait moins : sinon, entre les membres
de la société, ce sera bientôt à qui travaillera le
moins.

Seule, l'Église peut offrir à tous une part
égale au bien commun. Ce bien n'est autre
que Dieu.

Venez, dit l'Église, venez à moi, et je vous
donnerai à chacun, non pas une part égale ;
mieux que cela, je vous donnerai à chacun le
même Dieu.

Entrez dans le temple saint, voyez devant
l'autel le riche à côté du pauvre, l'enfant

à côté du vieillard, le crime repentant à côté
de l'innocence conservée : tous, sans distinction de rang, de naissance, de fortune ou de
condition, reçoivent le même pain, la même
hostie, le même Jésus.

Là seulement le communisme n'est pas un
rêve; là seulement se réalise, avec la communion eucharistique, la communion des saints.

Il est sans doute inutile d'insister sur la
fraternité qui fait de tous les enfants de l'Église
une seule famille. Quand Jésus-Christ lui-
même, après sa résurrection, daigne appeler
ses disciples, non plus seulement ses amis,
mais ses frères, comment un chrétien pourrait-
il refuser d'obéir au précepte que le maître
avait donné de son vivant, lorsqu'il dit aux
siens : « Vous êtes tous frères » et surtout
lorsque, voulant nous apprendre à prier, il
nous enseigna cette formule : « Notre Père,
qui êtes aux cieux? »

Oui, seule, l'Église peut dire avec la famille :
« Tous mes enfants sont frères; » seule, elle
peut inscrire avec vérité sur le fronton de ses
temples : FRATERNITÉ.

Mais revenons à la déclaration de 1789 : Tirant des principes la conséquence logique et pratique, la Révolution abattit les temples et les autels, égorgea les prêtres, et, coup sur coup, elle renversa deux Papes.

Après avoir supporté de pareils forfaits la France est-elle encore la France du Cœur de Jésus ?

Rassurons-nous. Toute la France n'était pas aux pieds de la déesse Raison. A ce moment-là même, au nom de la vraie France, deux hommes protestèrent : l'un était le roi, l'autre un paysan.

Le roi se nommait Louis XVI. Il fit vœu de consacrer la France au Cœur de Jésus.

Mais il fallait d'abord une expiation : Louis XVI fut le roi martyr.

Le paysan se nommait Cathelineau, on l'appela le Saint de l'Anjou.

Nouveau Mathathias, il se leva pour défendre la foi. A son cou il suspendit un chapelet ; sur sa poitrine, sur son cœur, il plaça l'image du Sacré Cœur de Jésus.

Avec lui les Vendéens ont vaincu, soldats du Sacré Cœur ; puis ils sont tombés, martyrs du Sacré Cœur.

En vain la tempête a soufflé, en vain le flot s'est élancé. La tempête n'a pu éteindre l'idée de la France. L'idée française est encore l'idée très chrétienne, et, par la France très chrétienne, l'idée très chrétienne, l'idée catholique, l'idée divine triomphera : et par elle, et pour elle, la France vivra, la France aussi triomphera.

1889 effacera 1789.

1889

INGT-cinq siècles s'étaient écoulés depuis l'apparition de l'homme sur la terre ; quinze siècles devaient encore se succéder avant l'arrivée du Libérateur universel. Il y a de cela trois mille trois cents ans.

Libre enfin, après quatre siècles de servitude, Israël, traversant le désert qui le séparait de la terre promise, s'arrête au pied du Sinaï.

Tout à coup la foudre éclate, le tonnerre gronde, l'éclair brille et se répète, une épaisse nuée enveloppe la montagne, et les éclats de la trompette, se mêlant à la voix de l'orage, retentissent avec un épouvantable fracas. Le Sinaï fume comme un volcan.

Au pied de la montagne le peuple tremble. Le Dieu du ciel et de la terre manifestait sa présence par le plus terrible des éléments, par le feu. On eût dit une fournaise vomissant des torrents de fumée. L'aspect du mont était effrayant, et d'instants en instants les accents de la trompette devenaient et plus pressés et plus formidables.

Moïse parlait, et Dieu lui répondait : *Moïses loquebatur, et Deus respondebat ei.*

Et la voix du Très-Haut, dominant le fracas du tonnerre, déclarait les droits : les droits de Dieu, les droits de l'homme.

Dix mots résumèrent alors le droit divin et le droit humain; dix mots suffirent pour rappeler toute la loi et toute la morale.

Que l'homme se décide aujourd'hui à retenir et à garder les dix paroles de Sinaï : demain il sera permis aux nations de brûler leurs codes, aux magistrats de descendre de leurs tribunaux, et aux soldats d'échanger le glaive pour le soc de la charrue.

Écoutons, méditons.

« Je suis le Seigneur ton Dieu.

« I. Tu n'auras point d'autres dieux que « moi.

« II. Tu ne prendras point en vain le nom « du Seigneur ton Dieu.

« III. Souviens-toi de sanctifier le jour du « Sabbat. Ce jour-là, tu ne feras aucun ou- « vrage.

« IV. Honore ton père et ta mère, afin que « tu vives longuement sur la terre.

« V. Tu ne tueras point.

« VI. Tu ne seras pas adultère.

« VII. Tu ne voleras point.

« VIII. Tu ne porteras point faux témoi-
« gnage contre ton prochain.

« IX. Tu ne convoiteras point l'épouse de
ton prochain.

« X. Tu ne convoiteras point sa maison, ni
« rien de ce qui est à lui ».

Ce code si court, si clair, si complet, se
nomme le Décalogue.

Il renferme dans un ordre parfaitement logique tous les devoirs et tous les droits.

Jésus-Christ n'a rien changé à la déclaration
du Sinaï, il n'y a rien retranché.

La première fois que, à son tour, du haut
d'une montagne, le nouveau Moïse ouvrit la
bouche pour révéler aux hommes le secret du
bonheur, son discours fut la répétition du Décalogue, et il affirma qu'il n'était pas venu pour
abolir la loi, mais pour l'accomplir et pour la
compléter : *Non veni solvere, sed adimplere.*

Le ciel et la terre passeront, ajouta-t-il ; mais
pas un iota, pas un accent ne sera effacé de la
loi, que tout ne soit accompli.

Malheur à qui toucherait ou laisserait tou-
cher à un seul des dix articles de cette déclaration trois fois divine, trois fois intimée par
Dieu lui-même !

Car le Décalogue n'est autre chose que la
loi naturelle, cette loi gravée au fond de la

conscience de tout être doué de raison, répétée une première fois sur le Sinaï, et une seconde fois par Jésus-Christ dans l'immortel sermon de la montagne.

Malheur au peuple, malheur à la famille, malheur au particulier qui oublierait ou qui négligerait un seul de ces dix mots !

Car, s'ils suffisent pour assurer le progrès, la civilisation, la liberté, le bonheur, même temporel, des particuliers, des familles et des nations, il suffit d'en oublier un seul pour compromettre la société aussi bien que l'individu.

J'ai dit que tous les devoirs, tous les droits, sont compris dans cette proclamation. Un coup d'œil nous en convaincra.

———

Dieu a dit à l'homme : « Je suis le Seigneur ton Dieu ; tu n'auras pas d'autres dieux que moi ».

A ce premier droit de Dieu correspond le premier droit de l'homme, droit d'adorer Dieu, de n'adorer que lui, de lui rendre le culte qu'il exige, et non celui qu'il réprouve.

Contre ce droit aucun droit, vieux ou nouveau, ne saurait prévaloir.

Ce droit, le premier de tous, constitue la

première et la plus sacrée de toutes les libertés :
la liberté de conscience, la liberté non des
cultes, mais du culte qui plaît à Dieu, du culte
qu'il exige, et non du culte qui me plaît et que
je préfère.

De ce droit il en suit un autre. La liberté
de conscience, tout intérieure, exige et entraîne la liberté extérieure, le droit de mani-
fester au dehors la religion que je dois professer
au dedans.

Quel pouvoir aurait le droit de me défendre
l'adoration extérieure du vrai Dieu et la pratique de la religion véritable ?

Quelle puissance oserait revendiquer le
droit de me contraindre à honorer un faux dieu
et à professer une religion fausse ?

J'ai le droit d'adorer Dieu : donc j'ai droit
à ce que devant moi nul n'insulte celui que
j'adore.

On conçoit difficilement qu'il se puisse ren-
contrer des hommes assez insensés, assez impies
pour proclamer la liberté du blasphème. Le
sens commun, la raison, la conscience pro-
testent contre ce crime et cette folie.

Toutefois, sachant à quel degré d'aberration

peuvent entraîner le libertinage de la chair et le libertinage de l'esprit, Dieu nous a prévenus contre cette haute extravagance, lorsqu'il a dit : Tu ne prendras pas en vain le nom du Seigneur ton Dieu.

Mais, s'il est défendu de prononcer sans respect le nom divin, comment serait-il permis de nier ce que Dieu affirme?

L'hérésie, qui refuse de croire la parole divine, serait-elle moins insolente que le blasphème, qui insulte le nom du Très-Haut?

Que serait-ce si quelque sophiste ou quelque libertin poussait la témérité jusqu'à refuser au Tout-Puissant le pouvoir de révéler, ou même jusqu'à nier l'existence de Celui qui seul est par lui-même et sans lequel rien ne serait?

Oui, j'ai droit à ce qu'on n'offense pas mon œil ou mon oreille par l'expression écrite ou orale du blasphème, de l'hérésie ou de l'athéisme.

C'est à moi, c'est à ma raison, c'est à mon cœur que s'adresse l'insulte faite à mon Dieu, à mon Sauveur, à mon Église, à ma foi.

Je ne vous permettrais pas d'outrager mon père, ma mère, ma famille.

Dieu est mon père, et plus encore; l'Église est ma famille, et plus encore; l'Église est ma mère, et plus encore ; n'insultez pas l'Église, n'insultez pas mon Dieu.

En droit, tous les instants de ma vie appartiennent à Dieu, aussi bien que toutes les gouttes de mon sang, aussi bien que tous les élans de mon cœur.

Toutefois le Maître ne se réserve spécialement qu'un jour sur sept, et encore cette réserve se borne-t-elle à quelques instants de prière. La loi divine n'exige pour le reste du saint jour que le repos corporel.

Donc, quand je serais le dernier des esclaves, je possède, et de droit divin, la liberté de me reposer pendant la durée entière du jour du Seigneur.

Jamais peut-être le prince ne m'invitera dans son palais, jamais sans doute il ne m'appellera au pied de son trône, jamais il ne daignera m'inviter à sa table.

Je m'en console. Si je n'ai pas le droit de paraître devant les majestés de la terre, j'ai mes entrées libres au temple où réside la Majesté suprême, et j'ai reçu non seulement l'invitation, mais l'ordre de me présenter, une fois au moins tous les sept jours, à l'audience du Roi des peuples et des rois.

Le Maître a dit : Souviens-toi de sanctifier le jour du Seigneur. Tu ne travailleras point ce jour-là.

Cet ordre une fois donné par Dieu lui-même, comme l'histoire l'atteste, la raison démontre sans peine le droit qui en résulte.

Qui donc, en effet, aurait le droit de m'interdire la liberté du repos et de la prière durant les heures que le Seigneur s'est réservées ?

Qui donc aurait le pouvoir de me commander le travail que Dieu défend, ou de me défendre la prière que Dieu commande ?

Tels sont les principaux droits de l'homme en ce qui concerne ses rapports avec Dieu.

De ces droits, nous l'avons dit, résulte la liberté de conscience et la liberté du culte.

Il n'est que l'insensé, il n'est que l'impie, qui puisse et qui ose réclamer pour lui-même ou pour autrui la liberté de ne pas adorer Dieu, la liberté de maudire son saint nom par le blasphème, la liberté de nier sa parole infaillible par l'hérésie, la liberté de lui rendre un culte qu'il réprouve ou même de ne lui en rendre aucun.

Cette liberté peut être un fait ; mais, on ne saurait trop le redire, elle n'est pas un droit.

Jamais, nulle part, l'homme n'aura le droit, en conscience, de refuser à son Dieu l'honneur, la foi et le culte qu'il réclame ; jamais, nulle part, l'homme n'aura, en conscience, la liberté de servir Dieu autrement que Dieu même ne l'entend, pas plus qu'il n'est libre en conscience d'adorer un autre Dieu que Dieu.

———

Le père et la mère, et, après eux, tous les supérieurs, le prêtre, le prince, qui, comme eux, ont reçu de Dieu l'autorité, ont donc le droit d'être honorés par leurs enfants, par leurs inférieurs.

L'honneur dû aux parents et aux supérieurs comprend trois choses : le respect, l'obéissance, l'assistance.

Le respect : le père, le prêtre, le prince représentent la majesté de Dieu ; ils sont les ministres de sa providence, de sa bonté, de sa justice.

L'obéissance : le père, le prêtre, le prince, représentent l'autorité de Dieu ; ils exercent en son nom le pouvoir de commander qu'ils ont reçu de lui.

Sans l'obéissance, le commandement est inutile, le gouvernement impossible, l'autorité chimérique et impuissante.

L'assistance : après Dieu, c'est de nos parents que nous tenons la vie, premier bienfait qui renferme tous les biens ; jamais fils ne rendra à son père et à sa mère autant qu'il en a reçu.

Pour les supérieurs religieux et civils, les assister, c'est s'assister soi-même. Sans le concours des inférieurs, le gouvernement est impossible.

Il est juste d'ailleurs, autant que nécessaire, que ceux qui s'oublient eux-mêmes pour consacrer leur temps, leur intelligence et leurs forces au service et au bien général, soient assistés par ceux qui profitent de leur dévouement.

L'enfant a droit à l'éducation. Ce droit en comprend trois autres : la protection, la direction, la correction.

La protection. — L'enfant a droit d'attendre de ses parents une surveillance qui écarte de son corps et de son âme tout ce qui pourrait compromettre la santé de l'un ou le salut de l'autre.

La direction. — A son entrée dans la vie, l'enfant ne sait rien ; mais Dieu lui a donné un père pour diriger son intelligence vers le vrai, une mère pour diriger sa volonté vers le bien.

Dieu, et Dieu seul, est le bien essentiel et souverain que réclame toute intelligence et toute volonté humaine. Le droit de l'enfant est d'être dirigé vers Dieu.

Si vous ne suffisez pas à la tâche, pères et mères, cherchez le concours de maîtres capables et dignes de vous représenter.

Mais, avant tout, assurez-vous que celui auquel vous confierez l'éducation de votre enfant professe et pratique la religion véritable, que son enseignement est l'expression fidèle de la vérité, que ses exemples sont conformes aux règles de la saine morale.

L'enfant a un droit strict à ce que son innocence et son ingénuité ne soient point livrées à un maître d'une religion suspecte, d'une science et d'une sincérité douteuses et d'une moralité équivoque.

Que votre fils, que votre fille demeurent dans l'ignorance plutôt que d'être exposés à recevoir la science du bien et du mal, à l'école du serpent.

La correction. — Si l'enfant s'écarte du bon chemin, il a droit d'y être ramené.

Un jeune homme était conduit à la mort, son père se présente pour lui adresser un adieu suprême.

— Retirez-vous, retirez-vous, s'écrie le jeune homme : ah! si vous m'aviez corrigé quand je n'avais que dix ans, on ne me verrait pas à vingt-cinq ans monter à l'échafaud.

Et vous, prince et prêtre, dès lors que vous avez accepté, vous, l'empire, vous, le sacerdoce, je réclame, comme un droit, la protection qui correspond au pouvoir que vous avez reçu de Dieu.

Vous, prince, vous n'avez reçu le glaive que pour me défendre contre quiconque oserait attenter à mes droits.

Écartez de moi le scandale de l'impiété, du blasphème, de la profanation du saint jour.

Protégez-moi contre les assassins et les empoisonneurs, contre ceux de l'âme aussi bien que contre ceux du corps.

Enlevez les immondices qui souillent la voie où je dois passer, la place ou le jardin que je dois traverser. Les immondices ne se rencontrent pas toutes sur le sol; il en est qui s'étalent derrière une vitrine ou qui se montrent sur un piédestal.

En retour du respect, de l'obéissance et de l'argent que je vous dois et que je vous accorde, je ne vous demande qu'une seule chose, et c'est mon droit : assurez-moi la tranquillité de la vie, comme le veut saint Paul; faites que je puisse vivre dans la piété et la chasteté : *Ut quietam et tranquillam vitam agamus in omni pietate et castitate.* (I *Tim.*, II, 2.)

Quand vous m'aurez protégé contre les impies, contre les assassins, contre les libertins, contre les diffamateurs, je n'ai plus rien, ô prince, à demander à votre sceptre ni à votre glaive.

Ce n'est pas à vous que je m'adresserai pour recevoir l'instruction et l'éducation; sur ce point je suis, peut-être, aussi sage, aussi moral que vous.

On trouverait même parmi vos sujets plus d'un citoyen qui, par la sagesse, par la science, par la vertu, réclament votre respect.

Bornez vos sollicitudes à bannir de l'enseignement l'impiété et l'immoralité, et puis laissez-moi libre de demander les leçons de la sagesse, de la science et de la vertu aux maîtres de mon choix. Tel est mon droit.

Les parents doivent élever l'enfant, élever sa raison par l'enseignement, élever son cœur par l'éducation ; mais cette élévation ne dépasse pas les bornes de l'ordre naturel.

Or il est un ordre supérieur auquel l'homme est appelé, hors duquel il n'est plus pour lui de perfection et de bonheur.

A cette destination supérieure et obligatoire correspond un droit nouveau, celui de recevoir la doctrine surnaturelle et les secours surnaturels qui sont devenus nécessaires pour parvenir à cette fin également surnaturelle.

En d'autres termes, Dieu a révélé des vérités que, par la seule raison, l'homme ne peut pas connaître ; Dieu a déclaré que celui qui refuserait de croire ces vérités serait condamné.

Dieu a institué des moyens spéciaux sans lesquels nous ne pouvons obtenir le secours de sa grâce, secours nécessaire pour arriver à la perfection et au bonheur : ces moyens sont les sacrements.

D'une autre part, le droit et le pouvoir d'enseigner cette doctrine surnaturelle que je suis tenu de connaître et de croire, le droit et le pouvoir de conférer ces sacrements que je suis obligé de recevoir, ce droit, dis-je, et ce pouvoir n'ont été conférés ni aux parents ni aux princes, mais au prêtre, et au prêtre seul.

Dès lors j'ai droit de recevoir du prêtre la doctrine révélée et les sacrements.

Le prêtre, de son côté, n'a pas le droit de me refuser le secours de son ministère.

Aucune puissance civile n'a le droit d'empêcher le prêtre de prêcher la doctrine du salut et de conférer les sacrements.

Le prince n'a reçu le pouvoir qu'afin de m'assurer la tranquille jouissance de tous mes droits.

J'ai droit à recevoir du prêtre l'instruction et les sacrements.

Le prince est donc tenu à protéger le prêtre dans l'exercice de ses fonctions.

———

La vie m'a été donnée par Dieu et par lui seul : qui donc aurait le droit de m'ôter ce qu'il ne m'a pas donné ?

La vie m'est nécessaire pour glorifier Dieu et pour le servir ; j'ai droit à vivre, excepté le cas où moi-même je me permettrais d'attenter à votre vie. Alors, évidemment, en vertu même du droit que vous avez de vivre, vous avez celui de vous défendre.

Alors aussi l'autorité sociale, le prince à qui

Dieu a confié la charge de protéger les droits de chacun, a le devoir et par conséquent le droit de retourner sur le criminel le mal qu'il a voulu faire à autrui, et de punir de mort le meurtrier.

Le droit à la vie entraîne celui d'en user. Personne donc n'a le droit d'entraver la liberté de mes mouvements ou de mon action ; nul ne peut m'arrêter, m'enchaîner, m'emprisonner, à moins que je n'aie abusé de ma liberté contre la liberté de mes frères.

***

Mais si je n'ai pas le droit d'attenter à la vie de votre corps, si je n'ai pas le droit de séparer ce que Dieu seul a uni, je veux dire votre corps et votre âme, de quel droit me serait-il permis d'attaquer la vie de votre âme par le scandale ou par la séduction de la parole ou de l'exemple ?

Dieu, dans l'Ancien Testament, avait porté la peine de mort contre les faux prophètes, les blasphémateurs et les profanateurs du dimanche.

Dieu ne peut pas porter une loi injuste ; le Législateur suprême connaît les règles de la justice aussi bien que nous.

Concluons que si, dans une certaine mesure, la tolérance peut être un fait, elle n'est pas toujours un devoir et un droit.

Vous et moi nous possédons un droit égal à être respecté dans nos mœurs.

Ni vous ni moi, nous n'avons le droit d'être l'un pour l'autre un sujet de scandale ou de honte, soit en offensant les yeux par les spectacles de l'immoralité, soit en souillant l'oreille par l'impudence de la parole et du chant.

Tous nous avons le droit d'exiger que, sur notre passage dans les rues et par les places publiques, il ne se rencontre ni tableau, ni statue, ni créature quelconque qui soit de nature à offenser la pureté de nos âmes.

On interdit la vente des aliments empoisonnés ou simplement malsains ; on ordonne de museler les animaux dangereux ; on ne me permettrait pas de répandre sur votre passage des serpents venimeux : et il serait permis d'exposer des livres ou des tableaux plus dangereux mille fois pour les âmes que ne le serait un serpent pour le corps ?

Dieu a dit : Tu ne voleras point. Ce commandement suppose et déclare le droit de posséder en propre.

Supprimez la propriété : le vol est impossible. Si tous les biens sont communs, en usant de votre part vous ne volerez pas.

Mais il n'en est pas ainsi. Le vol est un crime : donc la propriété est un droit.

J'ai le droit de posséder, j'ai aussi celui de ne pas posséder.

J'ai le droit d'être riche, j'ai le droit d'être pauvre. Personne au monde n'a le pouvoir de m'empêcher de disposer de mes richesses pour faire le bien.

Je puis, s'il me plaît, donner ce que je possède, soit aux pauvres, soit à Dieu ; je puis aussi recevoir : je puis faire l'aumône, et je puis l'accepter.

De quel droit donc la Réforme en Allemagne et en Angleterre, de quel droit la Révolution en France, en Espagne, en Italie, ont-elles osé ravir à Dieu, à son Église, à ses pauvres, les biens que la piété de nos pères avait donnés pour toujours ?

Dieu a dit : « Tu ne porteras point faux témoignage contre ton prochain. »

Vous n'avez donc pas le droit de flétrir mon nom, ma famille, ma patrie, ma religion : à moins que par ma conduite je n'aie déshonoré mon nom ; à moins que par ses crimes ma famille ou ma patrie ne se soient dégradées ; à moins que ma religion ne soit fausse et impie.

Attaquer mon nom, c'est offenser mon honneur ; et l'honneur, c'est-à-dire l'estime des gens de bien, est plus que la vie.

Insulter ma famille ou ma patrie, c'est m'insulter moi-même. Ce crime, ce vice dont vous accusez ma famille ou ma patrie, j'en partage le déshonneur, car je suis un membre de cette famille, de cette nation.

L'offense est plus directe encore quand elle a pour objet la religion que je professe. Si je suis né Français, si j'appartiens à cette famille, si je porte ce nom, ce n'est pas en vertu d'un choix libre de ma part.

Mais si je professe cette religion, c'est que, arrivé à l'âge de raison, j'ai reconnu sa vérité, sa divinité, sa nécessité.

Vous avancez que ma religion est fausse, chimérique, absurde; vous la traitez de superstition!

A vous entendre, je suis donc ou un insensé ou un imposteur : insensé, si sincèrement je tiens pour vrai ce qui est faux, impossible, absurde, superstitieux; imposteur, si, sachant que ma religion est ce que vous dites, je ne laisse pas de l'enseigner comme vraie.

Vous soutenez que Jésus-Christ ne fut qu'un homme comme les autres; je l'adore comme mon Dieu.

Vous répétez que l'Église est une société purement humaine, le sacerdoce une imposture, les sacrements une superstition vaine.

Moi, je vois dans l'Église une institution divine, dans le sacerdoce la représentation de Dieu même, dans les sacrements les signes et les canaux de la grâce invisible et surnaturelle.

Encore un coup, à vous entendre, je suis fourbe ou fou : fou, si je suis de bonne foi, et fou de la pire espèce, car j'adore comme Dieu ce qui ne l'est pas, j'adore un simple mortel, un simple fragment de pain, quelques gouttes de vin; je me trompe sur une question où il s'agit du salut éternel, et sur laquelle par conséquent la sagesse et la justice divine ont dû rendre l'erreur facile à éviter.

Mais si, sachant que Jésus-Christ n'est qu'un homme, je prétends qu'il est Dieu, alors je suis fourbe, et fourbe à mériter toutes les vengeances du ciel et de la terre.

Eh bien! vous n'avez pas le droit de me traiter de fou ou de menteur.

Mais, dira-t-on, si je suis menteur, en effet, ou si je suis dupe de l'imposture, ne sera-t-il point permis de signaler mon erreur ou ma fourberie, afin d'en préserver ceux que mon exemple ou ma parole pourraient séduire et perdre?

Oui, vous le pouvez : je dis plus, vous le devez ; mais à la condition de prouver ce que vous prétendez.

Prouvez que je professe une religion fausse. Si je m'obstine dans l'erreur et dans le mensonge, déclarez au monde que je suis un imposteur, un impie ; mettez-moi au ban de la société : je ne vois pas ce que je pourrais objecter.

Mais si vous ne prouvez pas la fausseté de ma foi et que vous preniez cependant la liberté d'insulter celui que j'adore, d'attaquer une Église qui est ma patrie spirituelle, ma famille, ma mère, souffrez que je renonce à toute société avec vous, et ne soyez pas surpris que tous ceux qui professent comme moi la religion que vous blasphémez, s'accordent avec moi pour vous interdire l'entrée de leur demeure.

Une mère avait sept enfants. Insultée par l'un d'eux, elle regarda les autres, muets témoins de l'insolence de leur frère.

Pas un n'éleva la voix pour protester contre l'injure et pour défendre sa mère. L'infortunée, dans un accès de désespoir, maudit les sept enfants.

Aussitôt tous furent saisis d'un tremblement qui ne les quitta plus. Ne pouvant se supporter les uns les autres, ils se dispersèrent dans le monde et allèrent porter de tous côtés le spectacle effrayant d'une famille trop justement maudite.

Outragée par un fils ingrat, l'Église votre mère vous regarde. Elle attend de vous une parole, une protestation de foi et d'amour qui répare le blasphème et la calomnie du fils dénaturé.

Vous vous taisez ! L'Église ne maudira pas. Elle est trop bonne, elle est trop forte.

Sa bonté ne lui permet pas de maudire ses enfants.

Sa force la met au-dessus de la crainte.

Sûre de durer jusqu'à la fin des temps, sûre de vaincre les portes de l'enfer, sûre de triompher de tous ses ennemis, de ceux du dedans aussi bien que de ceux du dehors, elle ne s'effraie pour elle-même ni de l'attaque ni du lâche abandon de ses propres enfants.

Et cependant, malheur à celui qui a rougi de sa mère et qui n'a pas osé la défendre!

La peur, le tremblement du respect humain a enchaîné sa langue et paralysé son bras. Désormais sa vie entière ne sera plus qu'une frayeur incessante.

Il n'a pas osé défendre ce qu'il y a de plus sacré, il a trahi par son silence la cause la plus juste et la plus sainte. Pour lui il n'y aura plus rien de sacré, il n'y aura aucun intérêt, aucun amour qu'il ne soit prêt à trahir. Toujours il sera du parti le plus fort, du côté du grand nombre.

Ce n'est plus un homme, c'est une feuille qui tremble au moindre souffle et que le vent de l'opinion emporte de tous côtés.

Constance-Chlore, un jour, voulut savoir quels étaient les officiers chrétiens qui se trouvaient à sa cour. Quelques-uns d'entre eux, craignant de se compromettre, dissimulèrent leur foi. La prudence de la chair et la peur sont parfois mauvaises conseillères. Constance retint à son service les chrétiens fidèles.

Quant aux autres : Retirez vous, leur dit-il ; aujourd'hui vous avez trahi celui que vous regardez comme un Dieu, demain vous trahirez un prince que vous savez bien n'être qu'un homme.

Revenons à nos droits, et concluons. Vous ne permettriez à personne d'insulter votre nom, votre père, votre mère, votre famille, votre patrie ; et vous laisseriez insulter votre Dieu, votre Sauveur, son Église votre Mère, et son Vicaire, le Pape votre Père !

Qui donc pourrait compter sur vous ? Celui qui, aujourd'hui, trahit son Dieu, demain, si son intérêt le demande ou si la peur le prend, vendra son père, sa mère, son ami, son prince et sa patrie.

Vous n'avez pas su, vous n'avez pas voulu défendre vos droits les plus sacrés, vos intérêts les plus graves, les droits de votre conscience, les intérêts de votre âme et de votre éternité : déserteur de votre cause personnelle, traître à vous-même, quel est celui dont vous défendrez les droits, quel est celui que vous n'abandonnerez pas, quel est celui que vous ne trahirez pas?

Mais non, il n'en sera pas ainsi; qui que vous soyez, riche ou pauvre, grand ou petit, jeune ou vieux, sujet, prince ou prêtre, vous savez quels sont vos droits; avec la noble fierté du courage et de l'honneur, vous saurez dire :

JE MAINTIENDRAI.

On distingue la France de 89 et la France avant 89, la France du régime nouveau et la France de l'ancien régime, la France des droits de l'homme et la France du droit divin.

Nous ne connaissons pas ces deux Frances. Non, 89 n'est pas une borne qui sépare la France en deux. Non, la France n'est pas née en 89 et ne date pas de 89. La France est née à Tolbiac et à Reims : cette France-là n'est pas encore défunte et l'heure de ses funérailles n'a pas encore sonné.

Voilà pour les dates. Quant au régime, il en est un, ancien et nouveau, que nous ne voulons pas.

Nous ne voulons pas une France huguenote, janséniste ou gallicane.

Voilà pour l'ancien régime ; venons au nouveau.

Il en est un que nous ne voulons pas : c'est le régime inspiré par Voltaire et par Rousseau, le régime de Robespierre et de Marat, le régime de la déesse Raison et de la Terreur.

Le régime qui, après avoir renversé le Pape, assassina les prêtres, les nobles, les bourgeois, les ouvriers, les paysans, les femmes et les enfants dont tout le crime était de vouloir demeurer catholiques.

Le régime de la Commune massacrant les otages et incendiant Paris.

Le régime qui prétendrait séparer la France de l'Église, c'est-à-dire la fille aînée de sa mère ; le régime d'une France sans Jésus-Christ, d'une France sans Dieu.

Ce que nous voulons, c'est la France invoquant Jésus-Christ à Tolbiac, baptisée à Reims, et s'écriant avec son Clovis au récit de la Passion : Où étions-nous, mes Francs et moi ? nos francisques l'auraient sauvé.

C'est la France posant la forte main de son Charles Martel sur les clefs du tombeau des Apôtres et jurant de le défendre contre les perfides violences du Lombard et du Grec.

C'est la France *martelant* le Sarrazin entre Tours et Poitiers, et sauvant par ce grand coup la civilisation aussi bien que la religion.

C'est la France se déclarant le défenseur et l'auxiliaire de l'Église de Jésus-Christ par la grande voix de son Charlemagne.

C'est la France se croisant pour délivrer le tombeau de Jésus-Christ au cri de DIEU LE VEUT !

C'est la France écrasant à Bouvines les puissances liguées contre l'Église et contre sa fille aînée.

C'est la France disant par la bouche de saint Louis : Je suis le bon sergent de Jésus-Christ.

C'est la France s'élançant à la suite de Jeanne d'Arc pour expulser l'étranger.

C'est la France se liguant pour maintenir sa foi contre la fureur protestante.

C'est la France se consacrant à Marie par la bouche de Louis XIII.

C'est la France propageant la foi dans le monde entier par ses intrépides missionnaires, sous la protection d'un Louis XIV revenu de ses excès gallicans.

Telle est l'ancienne France que nous voulons.

Mais il est une France nouvelle, une France moderne qui fait aussi l'objet de notre admiration et de notre amour.

C'est la France martyre de sa foi dans la

personne de son roi, de ses prêtres, de ses nobles, de ses bourgeois, de ses paysans.

C'est la France portant sur sa poitrine l'image du Cœur de Jésus et suspendant à son cou le chapelet de Marie.

C'est la France réveillée de sa léthargie religieuse par la médaille miraculeuse, par Notre-Dame des Victoires, par Notre-Dame de la Salette, par Notre-Dame de Lourdes ; la France acclamant la Vierge Immaculée et le Pape infaillible, la France rétablissant Pie IX, la France défendant la liberté temporelle du Pape à Castelfidardo et à Mentana, la France se redressant contre l'invasion étrangère sous le drapeau du Sacré-Cœur.

Oui, nous aimons la France nouvelle, la France moderne, la France actuelle, la France consacrée à Marie, la France consacrée au Cœur de Jésus, la France pénitente, la France, quoi qu'on fasse et quoi qu'on dise, toujours très chrétienne.

Émules nouveaux de la Terreur, vous avez résolu de bannir Dieu de l'école afin de le bannir de la France. Vous ne réussirez pas.

La France de 1889 effacera la France de 1789.

Bourges, typ. Tardy-Pigelet.

IV. — PIÉTÉ

Les Exercices spirituels, in-18, 16 fascicules.

Une pensée par jour, in-18, 20ᵉ mille.

Jésus-Christ dans sa vie militante, in-18.

Agenda du Chrétien, in-18, 4ᵉ édition.

Jésus, son Cœur, son Sang et sa Face adorable, in-18.

Le Cœur de Jésus d'après l'Évangile. — Mois du Sacré-Cœur, in-32, 3ᵉ édition.

La sainte Vierge d'après l'Évangile. — Mois de Marie, in-32, 3ᵉ édition.

Saint Joseph d'après l'Évangile. — Mois de saint Joseph, in-32, 39ᵉ mille.

Le Mois du Sacré-Cœur de Jésus, Croisade, in-32, 135ᵉ mille.

Le Mois du Précieux Sang, in-32, 3ᵉ édition.

Les Congrégations de la sainte Vierge, in-18, 2ᵉ édition.

Manuel des Congrégations de la sainte Vierge, in-32, 6ᵉ édition.

Recueil de prières à l'usage des Congrégations, in-32.

Cantiques des Congrégations de la sainte Vierge, in-32, 2ᵉ édition.

Année de Marie, in-32, 2ᵉ édition.

Mois de Marie, Reine de la France, in-18.

Neuvaine à Notre-Dame de Lourdes, in-32, 6ᵉ édition.

Saint Joseph, in-18, 3ᵉ édition.

Saint Joseph, modèle de la vie chrétienne, in-12.

Saint Michel, d'après la Bible et d'après la Tradition, ou Mois de saint Michel, in-32, 3ᵉ édition.

Saint Gabriel, Neuvaine, in-32.

Saint Raphaël, Neuvaine, in-32.

Saint Ignace, in-18.

Dévotion à saint Ignace et Mois de saint Ignace, in-32, 3ᵉ édition.

Dévotion à saint François Xavier, in-32.

Le B. Pierre Lefèvre, in-32, 4ᵉ édition.

Sainte Thérèse d'après elle-même, in-32.

Les Agonisants, in-32, 19ᵉ mille.

Le Dies iræ, in-32.

Chants et Cantiques, in-18, 2ᵉ édition.

V. — PROPAGANDE

Le Décalogue en action, in-18, 2e édition.
Les Prières du Chrétien, in-18.
Pourquoi êtes-vous malheureux ? in-18.
Le Soldat et l'Ouvrier chrétien, in-32, 27e édition.
Le Dimanche (Sanctifiez). in-32, 13e mille.
Dimanche et Lundi, in-18, 12e mille.
La Confession, in-32, 14e mille.
Quel mal vous ont-ils fait ? in-18. 4e édition.
Boutade contre l'Église, in-18, 5e édition.
La Franc-Maçonnerie, 6e édition, in-32.
La Main du diable ou la Franc-Maçonnerie, in-18.
Coup-d'œil sur les deux Frances, in-18, 2e édition.
La France d'après Joseph de Maistre, in-32.
Étienne Boylesve et les Corporations, in-18, 2e édition.
La Main de Dieu, neuf Numéros, in-18, 2e édition.
Paroles d'or, nos 1, 2, 3, 4, in-18, 2e édition.
Si vous aviez du zèle, in-18, 2e édition.
Les Biens de l'Église, in-18.
La Religion d'argent, in-18.
Un village où on ne sait pas lire, in-18.

Feuilles volantes, le cent, 1 fr. ; *franco*, 1 fr. 25 ; — le mille, 7 fr. ; *franco*, 8 fr. 50.

Les bons points du Catéchisme, neuf numéros. Le cent, 1 fr. ; *franco*, 1 fr. 25 ; le mille, 8 fr. ; *franco*, 9 fr. 50.

Bourges, Imp. TARDY-PIGELET.